BEI GRIN MACHT SICH IHR WISSEN BEZAHLT

- Wir veröffentlichen Ihre Hausarbeit,
  Bachelor- und Masterarbeit

- Ihr eigenes eBook und Buch -
  weltweit in allen wichtigen Shops

- Verdienen Sie an jedem Verkauf

Jetzt bei www.GRIN.com hochladen und kostenlos publizieren

Bibliografische Information der Deutschen Nationalbibliothek:

Die Deutsche Bibliothek verzeichnet diese Publikation in der Deutschen National-
bibliografie; detaillierte bibliografische Daten sind im Internet über http://dnb.d-
nb.de/ abrufbar.

Impressum:

Copyright © 2004 GRIN Verlag, Open Publishing GmbH
Druck und Bindung: Books on Demand GmbH, Norderstedt Germany
ISBN: 9783668269576

Dieses Buch bei GRIN:

http://www.grin.com/de/e-book/31652/terror-in-frankreich-analyse-einiger-bilder-
der-ausstellung-hitlers

Cathrin Dehmer

Terror in Frankreich - Analyse einiger Bilder der Ausstellung "Hitlers Verbrechen"

GRIN Verlag

GRIN - Your knowledge has value

Der GRIN Verlag publiziert seit 1998 wissenschaftliche Arbeiten von Studenten, Hochschullehrern und anderen Akademikern als eBook und gedrucktes Buch. Die Verlagswebsite www.grin.com ist die ideale Plattform zur Veröffentlichung von Hausarbeiten, Abschlussarbeiten, wissenschaftlichen Aufsätzen, Dissertationen und Fachbüchern.

Besuchen Sie uns im Internet:

http://www.grin.com/

http://www.facebook.com/grincom

http://www.twitter.com/grin_com

Seminar: **Die Französische Besatzungszone nach 1945:
Aufklärung und "Umerziehung" mit Bildern:
Realisation und Auswertung eines
Ausstellungsprojekts**

Datum: **Sommersemester 2004**

Terror in Frankreich

Analyse einiger Bilder der Ausstellung

Cathrin Dehmer

Inhaltsangabe

I Einleitung

Der Terror in Frankreich wird oftmals von den Gräueltaten der Kriegsschauplätze wie zum Beispiel Russland, aber vor allem durch die Massenvernichtung der jüdischen Bevölkerung überdeckt. Da der Frankreichfeldzug recht schnell vorüber war, ist bei vielen nur die Landung der Alliierten an der Atlantikküste am 6. Juni 1944 und die folgenden Kämpfe, wie sie oft in Filmen thematisiert werden, im Gedächtnis. Über den Terror, der aber während der Besatzungszeit in Frankreich herrschte, wird heute kaum noch gesprochen. In der Ausstellung "Hitlers Verbrechen" wurde er aber unter anderem zum Thema gemacht, die Bandbreite der Unterdrückung wurde dargestellt.

In dieser Hausarbeit soll daher zunächst das Zeitgeschehen sowie die Ursachen des Terrors behandelt werden, um einen Überblick über die Zustände in Frankreich zu erhalten, bevor auf die Bilder eingegangen wird. Hierzu erläutere ich kurz die Teilung des französischen Staatsgebietes, das Aufkommen der Resistance, den Versuch diese zu stoppen und die Folgen und Methoden der Geiselnahme. Zur Darstellung der Situation in Frankreich habe ich weiterhin einen Text ausgewählt, der die Situation einer Geiselerschießung in Tulle bei Limoges beschreibt. An diesem Augenzeugenbericht ist klar erkennbar, wie wahllos und grausam die deutsche Besatzungsmacht mit der Bevölkerung umgegangen ist, wobei Tulle sowie Oradour eine Ausnahme an bestialischer Grausamkeit darstellen. Die Bilder der Ausstellung, die sich mit dem Thema befassen, zeigen aber deutlich, in welchem Ausmaße der Terror vollzogen worden ist und sie lassen auch erahnen, wie sehr die Bevölkerung vor allem unter den Geiselerschießungen gelitten haben muss.

Die Bilder, die ich beschrieben und analysiert habe, habe ich unter den Gesichtspunkten der unterschiedlichen Darstellung eines Sachverhaltes ausgewählt. Einige der Bilder der Ausstellung sind in ihrer Aufmachung sehr ähnlich, daher habe ich versucht, in Aussehen und Inhalt unterschiedliche Bilder zu wählen. Formale Angaben über die einzelnen Fotos waren jedoch nicht möglich, da als einzige Quelle die Ausstellung selbst zur Verfügung stand.

II Terror in Frankreich

Die Besatzung Frankreichs:

Nach dem dt. Sieg über Frankreich wurde am 22. Juni 1940 der Waffenstillstand unterzeichnet, der zu einer Teilung Frankreichs führte:

- die Nordhälfte Frankreichs unter Einschluss der Industrie sowie der französischen Kanal- und Atlantikküste bis zur spanischen. Grenze unterstand der dt. Militärverwaltung in Paris unter General Otto von Stülpnagel

- die nordfranzösischen Departements Nord und Pas de Calais wurden dem dt. Militärbefehlshaber in Belgien unterstellt

- Elsass und Lothringen wurden der Zivilverwaltung der dt. Gaue Baden und Saar-Pfalz unterstellt und faktisch vom dt. Reich annektiert.

- der von der Wehrmacht unbesetzte Süden unterstand der Vichy-Regierung unter Marschall Petain, dieses Gebiet umfasst ungefähr 40% des franz. Staatsgebietes mitsamt den Kolonien (100 000Mann starkes Heer)

→ Ziel der Deutschen war eine Besatzungsform mit einem Minimum an militärischem und verwaltungsmäßigem Aufwand. Die Kosten der Besatzung wurden von Frankreich eingefordert, 20 Millionen Reismark täglich überforderten aber den französischen Staatshaushalt.

Widerstand:

Gegen das deutsche Besatzungsregime sowie gegen die mit ihm kollaborierende Vichy-Regierung erhoben sich zahlreiche Gruppierungen der Resistance. Ihr Widerstand reichte von Streiks über Nachrichtenübermittlung an die Alliierten bis hin zu Attentate und Sabotageakten, die besonders nach dem dt. Überfall auf die Sowjetunion am 22. 6.1941 massiv zunahmen.

Anschläge:

Die meisten Opfer forderten die Anschläge auf Eisenbahnen, auf die sich kommunistische Aktionsgruppen spezialisierten. Die Behinderung und später die Lähmung dieses Verkehrsnetzes erwies sich als eines der wirksamsten Mittel zur Schädigung der Kampfkraft der Besatzungsgruppe.

Ansonsten gab es meist Anschläge auf Einzelpersonen, da die Untergrundsgruppen für eine richtige "Schlacht" zu schlecht ausgerüstet war und ein Verstecken einer größeren Anzahl von Personen auffällig gewesen wäre.

Geiselnahme:

Der Zweck der Geiselnahme liegt in der Abschreckung von Angriffen auf die Besatzungsmacht. Es wurden ganze Bevölkerungsgruppen, allen voran Kommunisten, gaullistische und nationale Aktivisten und die unpolitische Gruppe der Freimaurer und Juden als Geiseln genommen. Es wurde angeordnet, für jeden, bei einem Anschlag ums Leben gekommen deutschen Soldat, 10 sogenannte *Sühnepersonen* zu ermorden.

Folgen der Geiselerschießungen:

Die Erschießungen, die durch die Anschläge resultierten, führten zu großer Verbitterung in der Bevölkerung, dies führte immer mehr zum Ende der Kollaboration und zu einem Zulauf des Widerstandes. Damit erzeugten die Erschießungen nicht den gewünschten Erfolg der Abschreckung, sondern vielmehr das Gegenteil. Ein Teufelskreis begann.

Weitere Umsetzungen des Terrors:

Zur Vergeltung der Attentate wurden weitere Maßnahmen wie z.B. schikanöse Ausgangsverbote, Schließen von Theater, Kinos und andere Stätten unternommen. Völlig willkürlich wurde auch den jüdischen Staatsbürgern eine Geldbuße von einer Milliarde Francs auferlegt.

Die schlimmste Ausdehnung des Terrors war jedoch die Androhung Himmlers, die Einführung der Sippenhaft. Die schon in der Tschechoslowakei nach der Ermordung Heydrichs angewandte Sippenhaft sieht vor, die Angehörigen der Terroristen zu bestrafen. Es sollen:

- alle männlichen Familienmitglieder auf- und absteigender Linie (Enkel, Sohn, Vater, Opa...) sowie die Schwäger und Vettern ab dem 18. Lebensjahr erschossen werden
- alle Frauen gleichen Verwandtschaftsgrades in die Zwangsarbeit überführt werden
- alle Kinder in Erziehungsanstalten eingewiesen werden

→Nach Bekanntmachung der Androhung galt dies als Beispiel zügelloser deutscher Barbarei.

→Es ist jedoch nie ein Fall einer Anwendung bekannt geworden, jedoch schon durch die Androhung wurde in die Hände des Widerstandes gearbeitet.

Opfer des Terrors:

Das Verhältnis der Erschießungen zu den Attentaten stand in keinem zu rechtfertigendem Verhältnis. Von September 1941 bis zum Mai 1942 fielen 53 deutsche Soldaten und 75 wurden verwundet. Im gleichen Zeitraum wurden zur Bestrafung 471 Geiseln erschossen, davon in Nantes und Bordeaux je 50 und in Paris sogar 95 für einen Anschlag. Insgesamt sind während der Besatzung Frankreichs 30 000 Geiseln und im Zeitraum von April bis Juli 1944 15 000 Freischärler erschossen worden.

Insgesamt sind nach Deutschland deportiert:

100 000 politische Verfolgte & 120 000 rassisch Verfolgte, die zumeist in KZs eingeliefert und ca. 530 000 Personen die zum Arbeitseinsatz nach Deutschland verschickt worden sind. Von den 220 000 Inhaftierten kamen ca. 38 000 zurück, jedoch wurden fast alle rassisch Verfolgten ermordet.

Augenzeugenbericht:

Um sich vorstellen zu können, wie eine Geiselnahme und Geiselerschießung abgelaufen ist, habe ich den folgenden Text gewählt.

Das Drama von Tulle

Am Donnerstag, den 8. Juni schwenkte die SS-Division "Das Reich" unter dem Befehl von General Lammerding auf ihrem Weg zur Normandie-Front nach Tulle ab, um der belagerten Garnison zu helfen.

Beim Anbruch der Dunkelheit hörte man enorme, anhaltenden Motorenlärm von der Straße nach Brive her. Zweifellos kam irgendwelche deutsche Einheiten an. Diese rückten bald auf den Platz von Souilhac vor und begannen um sich zu schießen, um die Einwohner einzuschüchtern. Während der Nacht herrschte Ruhe. Die Truppen bezogen Stellung und umzingelten die ganze Stadt.

Am Morgen des nächsten Tages, dem 9. Juni, trommelten bis an die Zähne bewaffnete SS-Männer in Dreiergruppen mit Gewehrkolben an die Haustüren, um alle gesunden Männer unter dem Vorwand der Ausweiskontrolle festzunehmen. Die Razzia begann. Fast alle Häuser wurden durchsucht. Aus allen Richtungen der Stadt wurden von Soldaten flankierte Menschenschlangen auf den Souilhac-Platz gebracht, der von zahlreichen Panzerwagen umzingelt war, bereit, bei Fluchtversuchen einzugreifen. Ungefähr 600 Männer wurden so auf dem Platz zusammengetrieben.

Gegen 9 Uhr wurde ein Befehl gegeben...Die Spitzen der Kolonnen erreichten die Sperren in Höhe des Befehlstandes. Dort hielten sie an und die "Kontrolle" begann. Die Ausweiskontrolle dauerte sehr lange ... Man konnte vage die Bildung von drei Gruppen ausmachen: eine rechts, die andere links und eine isoliert in der Mitte. Welchen Zweck hatte diese Einteilung? Noch war es ein Rätsel ... Ein SS-Mann (Walter), Chef der Gestapo und verantwortlich für die Aussonderung, schritt die Kolonne entlang, kontrollierte die Ausweise, stellte Fragen und dirigierte, je nach Antwort und Laune, die Angesprochenen zur mittleren Kolonne. Wie wir leider bald erfahren sollten, war dies die Gruppe der Hinzurichtenden.

Auf diese Weise wurden die Geiseln bestimmt. Als die Kolonne etwa 60 Menschen umfasste, wurde sie in Richtung der Scheunen, unweit von der Conciergerie, getrieben. Der SS-Mann Walter war ständig aktiv. Seine Aufgabe schien schwierig zu sein, seine Auswahl durch einige Interventionen stark eingegrenzt...

Wir blieben noch eine Weile auf dem Platz. Dann schoben uns die SS-Leute aus der Manufaktur heraus. Welches Entsetzen! Seile hingen von den Straßenlaternen und den Balkonen der Rue du Pont-Neuf und der Avenue de la Gare. Was wird geschehen? Für wen sind diese Vorbereitungen gedacht? Wir wagten nicht, daran zu glauben: würde man wirklich die Männer sterben lassen, Unschuldige, einen solchen Foltertod überantworten? War es nicht doch eine Scheinhinrichtung? Der Platz war gut bewacht. Alle Soldaten standen auf ihren Posten, an ihren Gewehren; sie lachten höhnisch und tranken aus den tagsüber gestohlenen Weinflaschen. Den ganzen Pont Neuf entlang standen Soldaten in einer langen Kette. Die Unteroffiziere schäkerten mit einer deutschen Frau im Schatten der Kastanien des Cafe "Tivoli", wo sich *offensichtlich die Einsatzleitung befand. In diesem Augenblick erschien die erste Gruppe er später Hingerichteten, begleitet vom Priester Espinasse. Dieser stand ihnen mit Einverständnis des Kommandanten Kowatsch bei. Es war der Priester selbst, der den Unglücklichen ihr grauenhaftes Schicksal mitteilte.*

Zur gleichen Zeit hörte man undeutlich einen Lautsprecher, der im Kommunique verbreitete. So erfuhren die Gefangenen die Anzahl der Männer, die aufgehängt werden sollten (120 laut Kommunique). Auf Intervention des Priesters Epinasse bei Walter wurde die Zahl auf 99 reduziert.

Dann geschah alles sehr schnell. Das SS-Kommando, das die ersten zehn Opfer eng umzingelt hatte, setzte sich in Marsch. Die so bedrängten zehn Unglücklichen wurden in wenigen Augenblicken zum Platz Souilhac gebracht, die Hände auf den Rücken gefesselt; so geschoben und gezogen, befand sich bald jeder von ihnen zum Fuß einer Leiter, zwei Henkern ausgeliefert. Zwei SS-Männer befanden sich neben jedem Strick; einer bestieg eine zweite Leiter, gleichzeitig mit dem Verurteilten, schlang ihm den Knoten um den Hals und schnürte diesen zu, während der zweite SS-Mann heftig die Leiter des Opfers wegtrat. Mehrmals konnte man auch solche grauenhaften Szenen beobachten: ein SS-Mann hing an den Beinen des Verurteilten, stieß ihm mit der Faust oder mit der Leiter in den Leib, während der Unglückliche noch von Krämpfen geschüttelt wurde. Die SS erschoss dann diejenigen, die ihrer Ansicht nach zu langsam starben. Innerhalb weniger Minuten waren die ersten 10 gehenkt.

Für die folgenden Gruppen war es noch schrecklicher, denn der Anblick ihrer schon gehenkten Kameraden ließ sie instinktiv zurückschrecken: ihr ganze Körper beugte sich vor dem Anblick des grässlichen Schicksals, das sie erwartete.

Diejenigen der SS-Leute, die bei der Hinrichtung keine Rolle spielten, verfolgten das Geschehen aufmerksam, kommentierten es mit mächtigem Gelächter und benutzten ihre Kameras, um die Erinnerung an diesen großen Sieg festzuhalten...

Im Schatten der Kastanien des Cafe "Tivoli" stolzierte, in Gesellschaft einer trinkenden SS-Gruppe, wohlgelaunt die Deutsche. Sie hörte Schlagermusik, die mit voller Lautstärke aus einem Grammophon dröhnte. Dies irrsinnige

Spektakel ließ die Gefangenen, die zu den Zuscheuern erkoren waren, vor Schreck erstarren. Viele von ihnen hatten einen Freund, einen Verwandten, manchmal einen Sohn in der Gruppe unter den Opfern. Das Gelächter, die Schlagermusik, die obszönen Witze verstärkten ihr Unglück und das Grauen des Dramas, das sich gerade abspielte.

Auf dem Platz und in der Rue de la Gare waren die Hinrichtungen bald beendet. Mal allein und mal in Trauben hingen an den Balkonen und Laternen aufgehängte Körper über mehrere hundert Meter weit. Einige junge Männer waren vor den Augen ihrer Eltern an den Balkonen ihrer eigenen Häuser aufgehängt worden...

Der Jüngste der Hingerichteten war ein Student aus Tulle, 18 Jahre alt. Der Älteste war ein Händler aus Tulle, 46 Jahre alt. Dazwischen waren alle Altersstufen vertreten.

Die Körper der zuletzt Gehenkten drehten sich noch an den Stricken als die SS-Schergen, die eben noch die Rolle der Henker gespielt hatten, mit ihren Kameraden im Cafe "Tivoli" zu Tisch gingen, um den guten Wein der Einwohner von Tulle zu genießen und sich gegenseitig zu beglückwünschen...

(aus dem Buch Oradour, Blicke gegen das Vergessen. aus: Le drame de Tulle – 9 juin 1944 – par A. Soulier, president du comite des martyrs, Naves, 4. Auflage 1994)

Nach diesem und nach dem Massaker von Oradour ging der Befehl heraus: "es wird eine saubere Kriegsführung verlangt, es darf nicht vorkommen, dass Frauen und Kinder von diesem Kampf in Mitleidenschaft gezogen werden. Wir führen diesen Kampf so anständig, wie es das deutschen Soldaten würdig ist."

Die Erschießung von Geiseln galt als "erlaubter Kriegsgebrauch" und wurde erst 1949 durch ein internationales Abkommen verboten.

III Bildanalyse

1. Bild:

Ein Bild der Ausstellung, welches die Erhängung von drei Menschen zeigt. Die dargestellten Opfer, bzw. die Orte der Erhängungen sind nicht näher bekannt.

Fragestellungen bei der Betrachtung des Bildes:

1. Wer ist/war der Fotograf?

Wie auch in dem Text hervorgeht, können die Fotos von einem Soldaten stammen, der die Szene für sich dokumentiert hat, oder auch von französischen Bürgern, Reportern o.ä.

2. Was ist auf dem Foto zu sehen?

Thema: Massenmord in der Bretagne

Welche Personen: vermutlich Erhängung von Geiseln oder Personen des Widerstandes

Wie sind sie angeordnet: es wurde eine Collagetechnik vorgenommen, drei Bilder wurden in einem zusammengefügt und mit einem pfeilartigen Symbol ergänzt.

Was ist herausgehoben: die Grausamkeit der Ermordung, zur Abschreckung

Stimmung: erschreckende, bedrückende, mahnende Stimmung

Mittel: durch die Darstellung der Realität

Standpunk des Fotografen: schwierig zu beurteilen, da mehrere Möglichkeiten bestehen; geht man davon aus, dass ein Soldat diese Bilder zur Erinnerung geschossen hat, dann verhält es sich anders als wenn der Fotograf den Terrorcharakter hervorheben wollte

Ausschnitt: durch den Collagecharakter lässt sich sagen, dass alle 3 Bilder nur den Ausschnitt des jeweils einzelnen Bildes zeigt; im oberen Bild wurde sogar die Figur mit Umgebung ausgeschnitten

3. Wie ist es ästhetisch-künstlerisch gestaltet?

Es fällt schwer, angesichts solcher Bilder von ästhetisch-künstlerisch zu sprechen, da es nicht die Absicht des Fotografen gewesen sein konnte Kunst zu machen. Vielmehr ist die Anordnung und die Gestaltung für die Ausstellung von einem relativ ästhetischen Wert.

Perspektive: Es sind unterschiedliche Perspektiven gewählt, die Person oben wurde von der gleichen Augenhöhe fotografiert, da sie hängt, kann der Fotograf nicht auf der Straße gestanden haben, er muss sich auf einer Erhöhung, vielleicht aus dem benachbarten Haus die Aufnahme gemacht haben. Bei der rechten Person, kann man von einer Froschperspektive sprechen, da auch dieser Körper hängt, wurde von unten nach oben fotografiert. Bei dem dritten Bild, verhält es sich wie im oberen, es muss von einem erhöhten Standpunkt fotografiert worden sein, sonst, könnte man das Ende des Mastes nicht sehen.

Kontraste: die Körper zeichnen sich jeweils vom Hintergrund ab

Bildaufbau:

A. Zunächst fällt der schwarz/weiße Pfeil auf, der das Bild in 3 Teile teilt in jedem Teil befindet sich ein Erhängter, drei Morde werden also in dieser Collage zusammen gefasst.

B. Durch die Spitze des Pfeils verläuft die Symmetrieachse des Bildes und teilt den oberen Teil in zwei Hälften, der Erhängte befindet sich rechts neben der Symmetrieachse und bildet eine Parallele.

C. Dies Spitze nimmt auch 1/3 der Bildhöhe ein, liegt also im unteren goldenen Schnitt. Der Titel des Bildes befindet sich im oberen Drittel und bildet somit das Gegengewicht zur Spitze.

D. Auch die Bildbreite lässt sich im goldenen Schnitt teilen, wobei die unteren Stärkepunkte, also die Punkte in denen sich die Achsen der Dreiteilung schneiden, an dem Pfeil und die oberen rechts und links neben dem oberen Toten liegen. Stärkepunkte sind die Punkte, die der Betrachter instinktiv zu erst anschaut und für gewöhnlich den Hauptaugenmerk des Bildes tragen, in diesem Fall wird also eine große Bedeutung auf den Pfeil gelegt, er verdeutlicht das "es geht nach unten".

E. Verbindet man jedoch die Köpfe der Erhängten, dann bildet sich ein Kontrastpfeil zu dem der Collage hinzugefügten. Dies könnte, bezieht man die Interpretation mit ein, eine Gegenbewegung, also einen Aufwärtstrend verdeutlichen, der mit dem Aufzeigen des Resistance – Zeichens übereinstimmt und diese Deutung unterstützt.

4. Wie waren die Umstände der Aufnahme? Kann das einwandfrei nachvollzogen werden?

> es ist nicht möglich dies für das Bild zu beantworten, es kann nur gesagt werden, dass für die Ausstellung diese Bilder genutzt wurden, um Terror in Frankreich zu veranschaulichen, sie besitzen also Dokumentationscharakter

5. Wann wurde die Aufnahme gemacht?

> kann ebenfalls nicht beantwortet werden, da nicht sichergestellt werden kann, welche Morde dargestellt sind und ob die Bilder überhaupt in der Bretagne gemacht worden sind, für uns ist es auf jeden Fall nicht beantwortbar

6. Was war der Zweck der Aufnahme?

> kann auch nicht genau beantwortet werden, der Zweck kann die Erinnerung, die Dokumentation, die Darstellung des Terrors oder vieles mehr gewesen sein, in der Ausstellung soll das Bild jedoch aufklären und die Tatsachen darstellen

7. Wie wurde die Aufnahme überliefert?

> ist uns nicht bekannt

Interpretation:

Man kann im Bildaufbau dieses Bildes das Zeichen der Resistance erkennen. Das V des Pfeils sowie die Mittelsenkrecht oder der Erhängte, eine Waagrechte die der Balkon bildet und eine durch den Körper des Toten, lassen Rückschlüsse auf das Symbol zu. Die Bedeutung, bzw. die Verknüpfung die die Ausstellungsmacher in diese Komposition gelegt haben ist nicht eindeutig, man kann aber spekulieren, ob es nicht ein Anzeichen auf die Ermordeten geben kann. Vielleicht waren sie Wiederstandskämpfer oder Geiseln die für ein Attentat einer Wiederstandsgruppe hingerichtet worden sind.

Möglichkeiten der Forschung:

Im Bild im unteren Drittel ist eine Ortstafel, bzw. ein Straßenschild erkennbar. Darauf

kann man zwei Orte sowie eine Straßenangabe erkennen:

N 15A

Leboustoir

Carhaix

Nach dem Schell Atlas von 2002/2003 befindet sich Carhaix-Plouguer zwischen St.Brieuc und Quimper, die Bildangabe "Massenmorde in der Bretagne" stimmt also, zumindest für dieses Bild. Man könnte nun in Ortsarchiven oder vor Ort nach dem Ermordeten forschen, vielleicht finden sich dabei auch Angaben über die anderen beiden Toten.

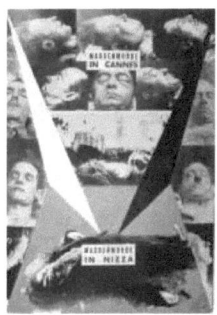

2. Bild:

Dieses Bild der Ausstellung zeigt Opfer der Massenmorde in Cannes und Nizza. Auch hier wird mit ähnlichen Mitteln wie im vorherigen Bild gearbeitet.

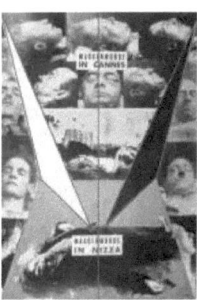 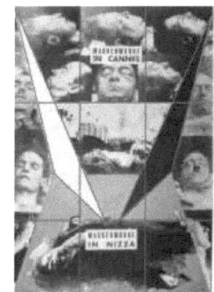 

- wieder lenken pfeilartige Zeichen den Blick des Betrachters, es ist auch die gleiche Farbgebung (schwarz-weiß) benutzt worden
- es gibt wieder eine ganz eindeutige Symmetrieachse, diese teilt das symmetrisch aufgebaute Bild genau in der Hälfte des Gesichts des Mannes unter der Schrift
- auch der Goldene Schnitt teilt das Bild wieder, wobei der Abstand vom Pfeil zum unteren Bildrand genau ein Drittel einnimmt und der Kopf "des Mannes" im oberen Drittel liegt
- dieses Bild unterscheidet sich aber sehr durch die Art der Darstellung der Opfer, während man im vorherigen Bild nur die Art des Mordes, das Erhängen, erkannt hat, aber nicht die Personen an sich, sieht man hier sehr deutlich, wer Opfer geworden ist und man könnte theoretisch die Identitäten ermitteln
- es wird ganz bewusst das Mittel der Identifikation eingesetzt, der Betrachter schaut den Opfern sozusagen ins Gesicht und muss sich mit dessen Tod auseinandersetzen
- der Mann in der Mitte lenkt unweigerlich den Blick des Betrachters auf sich, man muss sich das etwas deformierte Gesicht deutlich anschauen

3. Bild:

Anders verhält es sich mit diesem Bild, hier werden die Täter sowie ihre Gräueltaten dargestellt. Es wird der Platz der Erschießung gezeigt, sowie ein brennendes Haus, wobei das Bild eindeutig die Tat der Brandstiftung dokumentiert. Diese Fotos könnten wieder aus unterschiedlichen Quellen stammen, zum einen von Beobachtern wie z.b. die Zivilbevölkerung, dies erscheint allerdings recht unwahrscheinlich, da sich die Täter so wahrscheinlich nicht fotografieren lassen hätten, zum anderen von Soldaten, die ihre "Heldentat" oder die "Gräueltat"

dokumentieren wollten. In der Ausstellung hat dieses Bild voraussichtlich die Rolle der Dokumentation der Täter eingenommen. Wie z.b. in Oradour ein ganzes Dorf niedergebrannt wurde, so wird im unteren Bild das Anzünden eines Hauses dargestellt. Die Soldaten machen einen recht entspannten Eindruck, daher kann man sicher gehen, dass die Situation nicht aus einer Frontkampfszene stammt, sondern wahrscheinlich eher eine Vergeltung oder ähnliches darstellt. Da keiner der Männer so abgebildet ist, dass man das Gesicht sehen kann, kann man die Täter nicht identifizieren, die Masse an Tätern wird aber dadurch dargestellt.

Im unteren Bild ist wieder die Dreiteilung auffällig, so befindet sich im oberen Drittel "nur" das brennende Haus, im mittleren Drittel die Köpfe der Täter und im unteren Drittel die Beine und Füße. Die Täter haben sich also beim Foto alle auf Augenhöhe des Fotografen befunden, dies spricht wieder für ein Fotograf aus den eigenen Kreisen.

4. Bild:

Das Besondere dieses Bildes ist die Darstellung beider Personengruppen. Zum Einen die Opfer, einmal vor und im anderen Bild nach der Erschießung, und zum Anderen die Täter, die man im unteren Bild sogar deutlich erkennt. Auch hier stellt sich die Frage, wer der Fotograf sein mochte, wahrscheinlich ist es aber auch ein Soldat, wie im Text dokumentiert, der das Ereignis dokumentieren wollte. Seine Absicht ist nicht mehr erfahrbar.

In der Vergrößerung der Gesichter des unteren Bildes, kann man die einzelnen

Personen gut erkennen, dies könnte bei einer Nachforschung der dargestellten Szene helfen.

IV Literaturangabe

- Graf, Martin und Herve Florence. Oradour, Blicke gegen das Vergessen. Klartext-Verlag, Essen, 1995

- Pinette, Gaspard L. Freund oder Feind? Die Deutschen in Frankreich 1940-1944. Verlag Peter Lang AG, Bern, 1990